Impressum
Verlag: BABADADA GmbH, Nedderfeld 112 , 22529 Hamburg
Geschäftsführer / Verlagsleitung: Harald Hof
Druck: Books on Demand GmbH, In de Tarpen 42, 22848 Norderstedt

Imprint
Publisher: BABADADA GmbH, Nedderfeld 112 , 22529 Hamburg, Germany
Managing Director / Publishing direction: Harald Hof
Print: Books on Demand GmbH, In de Tarpen 42, 22848 Norderstedt, Germany

ቤት-ትምህርቲ

школа

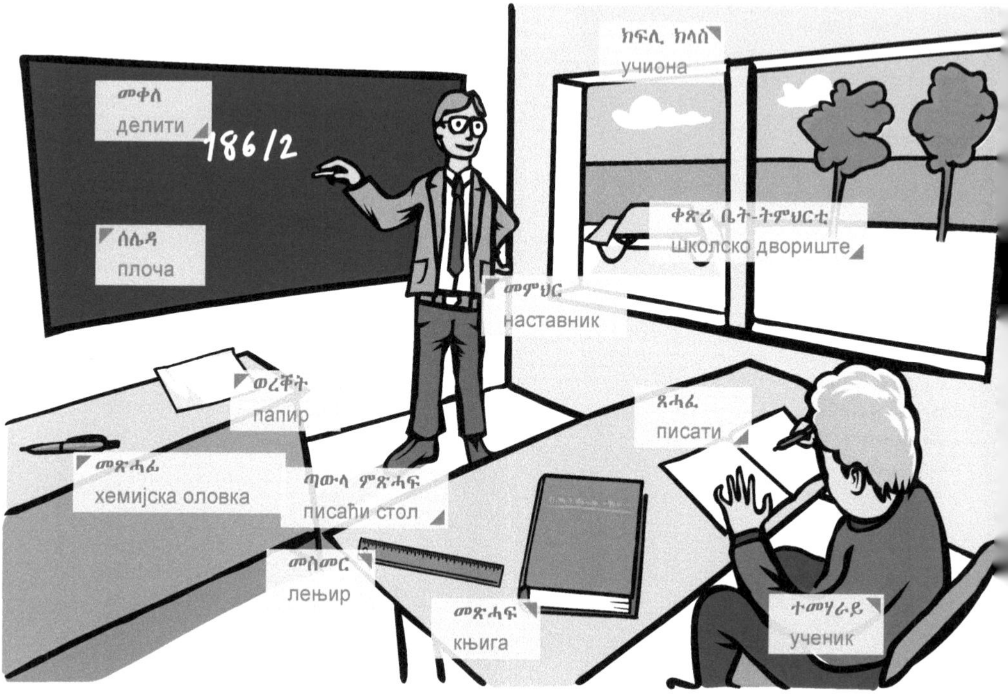

ክፍሊ ክላስ
учиона
መቐለ
делити
186/2
ሰሌዳ
плоча
ቀጽሪ ቤት-ትምህርቲ
школско двориште
መምህር
наставник
ወረቐት
папир
ጸሓፈ
писати
መጽሓፊ
хемијска оловка
ጣውላ ምጽሓፍ
писаћи сто
መስመር
лењир
መጽሓፍ
књига
ተመሃራይ
ученик

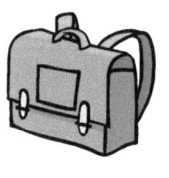

ሳንጣ ትምህርቲ

торба

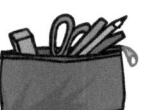

ሰፈር ብርዒ

перница

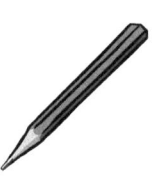

ርሳስ

графитна оловка

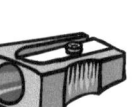

መብልሒ ርሳስ

шиљило за оловке

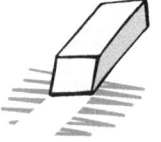

መደምሰሲ

гумица за брисање

ጥራዝ ስእሊ

блок за цртање

ስእሊ
....
цртеж

ብርዒ ቀለም
....
кист

ቦክስ ቀለም
....
кутија са бојама

መቀስ
....
маказе

መጣበቒ
....
лепило

ጥራዝ መላመዲ
....
бележница

ዕዮ ገዛ
....
домаћи задатак

12

ቑጽሪ
....
број

2+2

ወለኸ
....
сабирати

5-2

ጎደለ
....
одузимати

2×2

ረብሐ
....
множити

ደመረ
....
рачунати

A

ፊደል
....
слово

**ABCDEFG
HIJKLMN
OPQRSTU
VWXYZ**

ስርዓት ፊደላት
....
абецеда

hello

ቃል
....
реч

ጽሑፍ
текст

ኣንብብ
читати

ኩርሽ
креда

ሰዓት
час

መዝገብ ክላስ
дневник

መርመራ
испит

ሰርቲፊከት
сведочанство

ድቢዛ ቤትትምህርቲ
школска униформа

ትምህርቲ
образовање

ለክሲኮን
лексикон

ዩኒቨርሲቲ
универзитет

ሚክሮስኮፕ
микроскоп

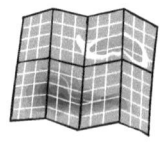

ካርታ
карта

ጎሓፍ ወረቓት
кошара за папир

путовање

መቐበሊ ኣጋይሽ
хотел
Grand
ሆስተል
преноћиште
ROOMS
ቦታ ቅያር ገንዘብ
мењачница
EXCHANGE
ባሊጃ
кофер
መኪና
ауто

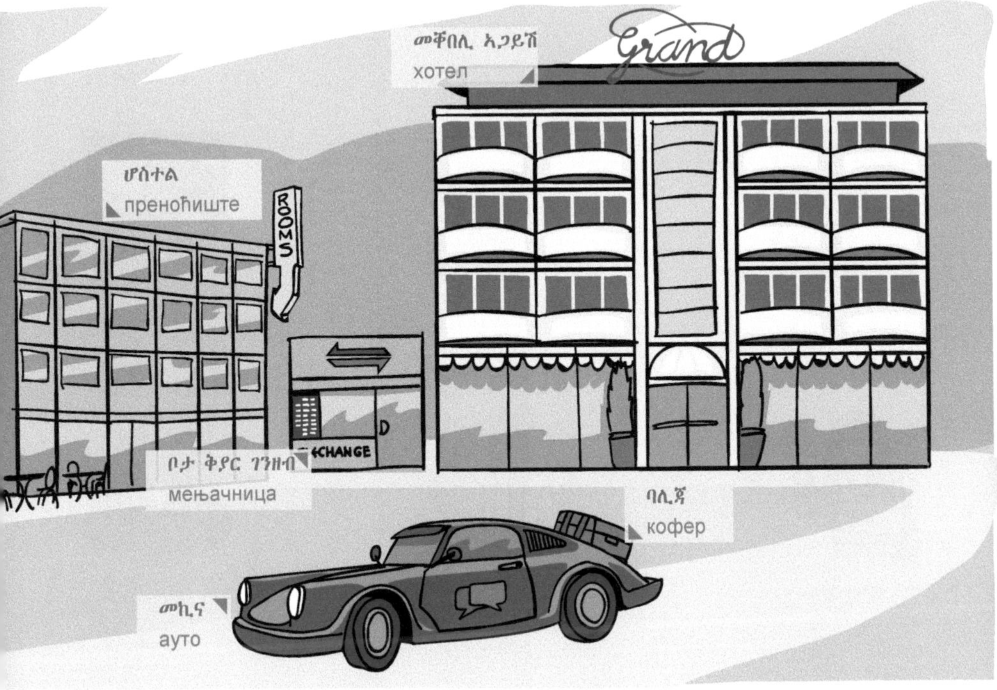

ቋንቋ

језик

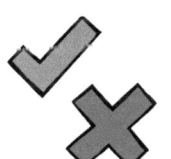

እወ / ኖ

да / не

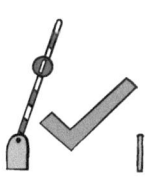

ሕራይ

океј

ሰላም

здраво

ኣስተርጓሚ

преводилац

የቐንየለይ

хвала

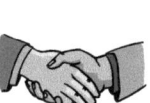

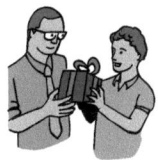

. . . ክንደይ ዋግኡ?

Колико кошта ..?

አይተረድኣኹን

не разумем

ሽግር

проблем

ሰላም ምሽት!

добро вече!

ከመይ ሓዲርካ

Добро јутро!

ሰላም ለይቲ

Лаку ноћ!

ደሓን ኩን

довиђења

አንፈት

смер

ጉዕዝ

пртљага

ሳንጣ

торба

ሳንጣ ሕቖ

рускак

ጋሻ

гост

ክፍሊ

соба

ክሻ መደቀሲ

врећа за спавање

ቴንዳ

шатор

ሓበሬታ በጻሕቲ ሃገር
....
ристичке информације

ገምገም ባሕሪ
....
плажа

ክሬዲት ካርድ
....
кредитна картица

ቁርሲ
....
доручак

ምሳሕ
....
ручак

ድራር
....
вечера

ቲከት
....
карта за вожњу

ሊፍት
....
лифт

ማሕተም ደብዳበ
....
поштанска маркица

ዶብ
....
граница

ድንና
....
царина

ኤምባሲ
....
амбасада

ቪዛ
....
виза

ፓስፖርት
....
пасош

транспорт

ነፋሪት
авион

መርከብ
брод

መኪና መጥፍኢ ሓዊ
ватрогасно возило

ናይ ጽዕነት መኪና
теретно возило

አውቶቡስ
аутобус

ጃልባ ሞቶር
моторни чамац

ብሽግለታ
бицикл

መኪና
ауто

ፌሪ
траjект

ጃልባ
чамац

ሞቶ
мотоцикл

መኪና ፖሊስ
полицијски ауто

መኪና ቅድድም
тркаћи ауто

ከራይ መኪና
изнајмљено ауто

ምውፋይ መካይን

делење аутомобила

መወሰዲ መኪና

вучно возило

መኪና ጎሓፍ

возило за одвоз смећа

ሞቶር

мотор

ነዳዲ

бензин

እንዳ ነዳዲ

бензинска станица

ምልክት ትራፊክ

саобраћајни знак

ትራፊክ

саобраћај

ምጭቅጭቅ ትራፊክ

застој

መዕሸጊ መኪና

паркиралиште

መዕረፊ ባቡር

железничка станица

ሓዲግ

шине

ባቡር

воз

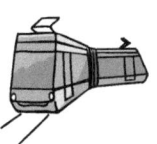

ትረም

трамвај

ባጎኒ

вагон

ሄሊኮፕተር
хеликоптер

መዓረፍ ነፋርቲ
аеродром

ታወር
кула

ተጓዓዚ
путник

ኮንተይነር
контејнер

ሳንዱቕ ካርቶን
картон

ኮርሳ ጽዕነት
колица

ዘንቢል
корпа

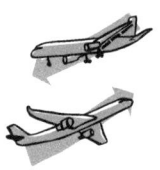

ተበገስ / ዓለበ
узлетети / слетети

ቀኽሸት
село

ማእከል ከተማ
центар града

ገዛ
кућа

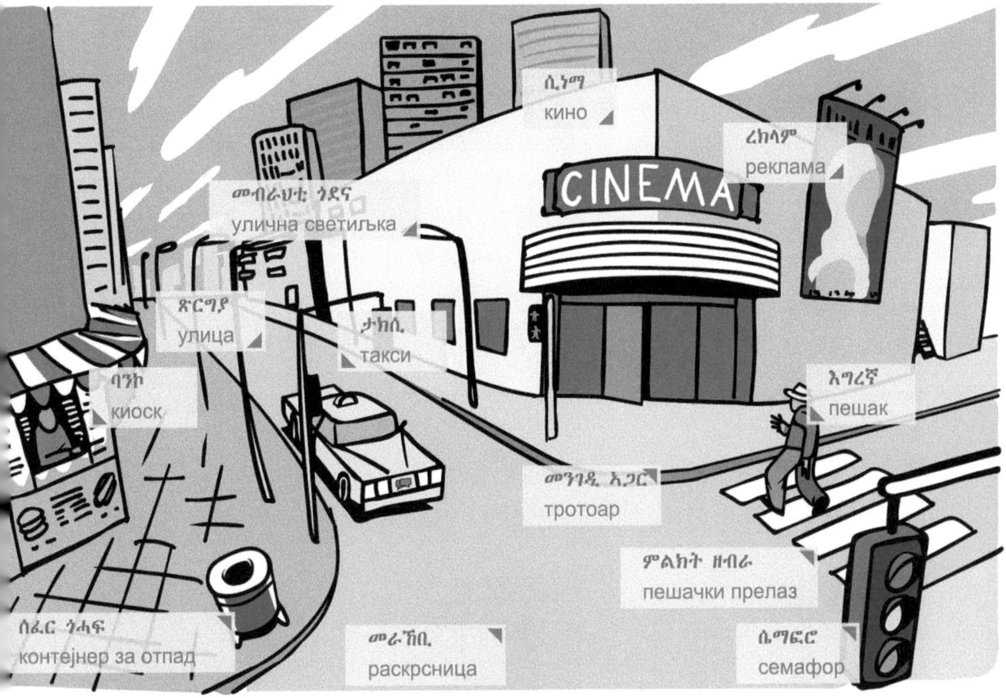

ሲኔማ
кино

ረክላም
реклама

መብራህቲ ጎደና
улична светиљка

ጽርግያ
улица

ታክሲ
такси

ባንኩ
киоск

እግረኛ
пешак

መንገዲ እግር
тротоар

ምልክት ዘብራ
пешачки прелаз

ሰፈር ጓሓፍ
контејнер за отпад

መራኸቢ
раскрсница

ሴማፎር
семафор

CINEMA

አጉዶ
....
колиба

አፓርትመንት
....
стан

መዕረፊ ባቡር
....
железничка станица

ቤት ምምሕዳር
....
већница

ቤት መዘክር
....
музеј

ቤት-ትምህርቲ
....
школа

ዩኒቨርሲቲ

универзитет

ባንክ

банка

ሆስፒታል

болница

መቆበሊ አጋይሽ

хотел

ቤት መድሃኒት

апотека

ቤት ጽሕፈት

канцеларија

ዱኳን መጽሐፍቲ

књижара

ዱኳን

продавница

ዱኳን ዕንባባ

цвећара

ሱፐርማርከት

супермаркет

ዕዳጋ

трг

ሹቅ

робна кућа

ነጋዳይ ዓሳ

рибарница

ሹቅ

трговачки центар

መርሳ

лука

መዝናግኚ
....
парк

ባንኪ
....
клупа

ድልድል
....
мост

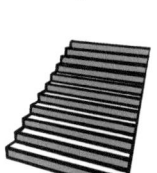

መደያይቦ
....
степенице

ባቡር ትሕቲ ምድሪ
....
подземна железница

ቢንት
....
тунел

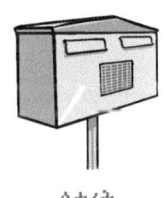

መዐረፊ ኣውቶቡስ
....
аутобуска станица

ቤት መስተ
....
бар

ቤት-መግቢ
....
ресторан

ስታሪት
....
поштанско сандуче

ታቤላ
....
улични знак

ሰዓት ፓርኪንግ
....
паркирни аутомат

መካነ እንስሳታት
....
зоолошки врт

መሓምበሲ
....
базен

መስጊድ
....
џамија

ቤት ሕርሻ
....
сеоско газдинство

ብክላ
....
загађење околине

መቃብር
....
гробље

ቤተክርስትያን
....
црква

ቦታ ምጽዋት
....
игралиште

ቤት መቅደስ
....
храм

ስእሊ መሬት

пејзаж

አቐጽልቲ
лист

መሕበሪ መገዲ
путоказ

መገዲ
пут

ሸኻ
ливада

እምኒ
камен

ኮብላሊ
шетач

አግራብ
дрво

ፈለግ
река

ሰዓሪ
трава

ዕንባባ
цвет

ስንጥሮ
....
долина

ጎቦ
....
планина

ቀላይ
....
језеро

ዱር
....
шума

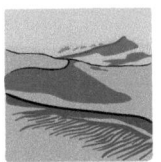

ምድረ በዳ
....
пустиња

እሳተ-ጎመራ
....
вулкан

ግምቢ
....
дворац

ቀስተ-ደመና
....
дуга

ቃንጥሻ
....
гљива

ዓርኮብኮባይ
....
палма

ጥንጡ
....
москито

ሃመጣ
....
мува

ጻጻ
....
мрав

ንህቢ
....
пчела

ላሪት
....
паук

ሕንዚዝ

буба

ዕንቍርዖብ

жаба

ምጽጹላይ

веверица

ቅንፍዝ

јеж

ማንቲለ

зец

ጉንጓ

сова

ጭሩ

птица

ስዋን

лабуд

መፍለስ

дивља свиња

ዓጋዝን

јелен

ሙስ

лос

ግድብ

насип

ተርባይን ንፋስ

ветрењача

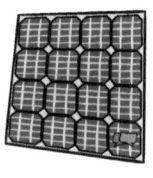

ሶላር ስርሓት

соларна плоча

ኩነታት አየር

клима

አሰላሪ
конобар

ካርታ መግብታት
jеловник

መንበር
столица

መረቅ
супа

ፒትሳ
пица

መመታተሪ
прибор за jело

ክዳን ጣውላ
стољак

ቅድመ ቀንዲ መግቢ
предjело

ቀንዲ መኣዲ
главно jело

ድሕረ መግቢ
десерт

መስተ
напитци

መግቢ
jело

ጥርሙዝ
флаша

ስሉጥ መግቢ
брза храна

መግቢ ጽርግያ
имбис храна

ብርጭቆ ሻሂ
чајник

ታኒካ ሽኮር
доза за шећер

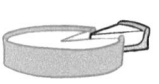

ክፍል
порција

ማሺን ኤስፕረሶ
апарат за еспресо

ነዊሕ መንበር
висока столица

ጻብጻብ
рачун

ታብለት
послужавник

ካራ
нож

ፋርከታ
виљушка

ማንካ
кашика

ማንካ ሻሂ
чајна кашика

ሰርቪየተ
салвета

ብኬሪ
чаша

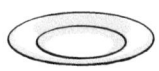

ሸሓኒ

тањир

ሸሓኒ መረቕ

тањир за супу

ትሕቲ ኩባያ

тањирић

ጸብሒ

сос

ወሃቢ ጨው

сољенка

መጥሓን በርበረ

млин за бибер

አቾቶ

сирће

ዘይቲ

уље

ቀመም

зачини

ከቹፕ

кечап

አድሪ

сенф

ማዮኔዝ

мајонеза

ሱፐርማርክት

супермаркет

ወፈያ
понуда
FOR
ዓሚል
купац
ፍርያታት ጸባ
млечни производи
ፍረታት
воће
ሰረገላ ዱኳን
колица за куповину

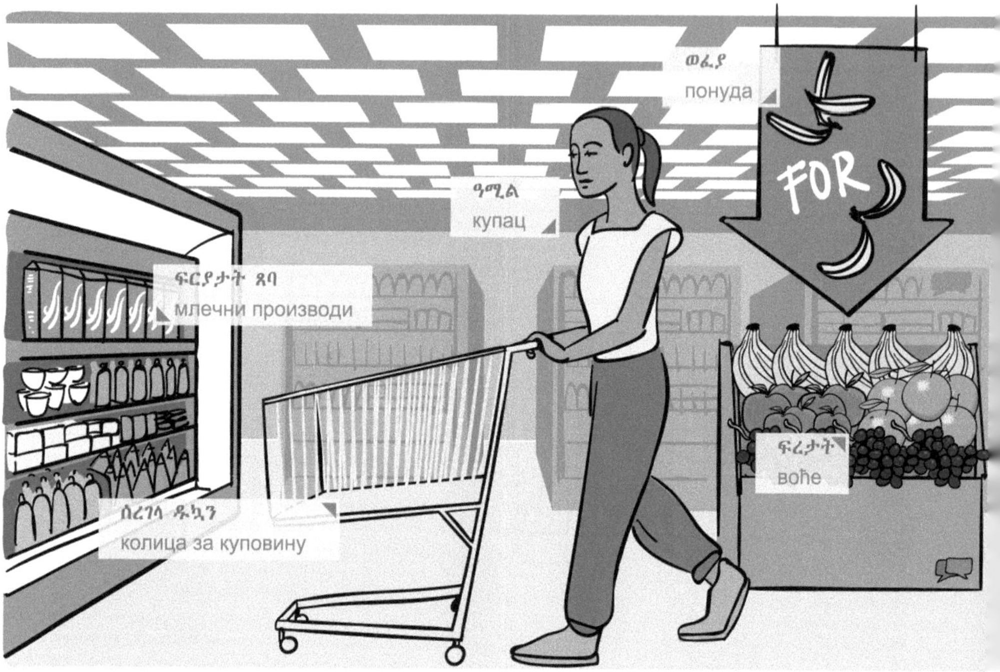

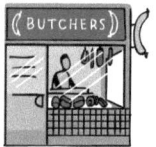

BUTCHERS

እንዳ ስጋ

месница

BAKERY

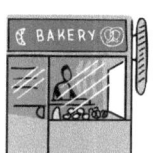

እንዳ ባኒ

пекара

ክብደት

вагати

ኣሕምልቲ

поврће

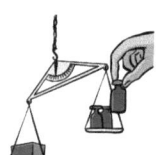

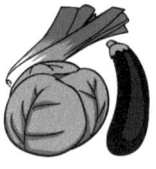

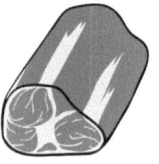

ስጋ

месо

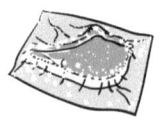

መግቢ ፍሪጅ በረድ

смрзнута храна

ዝሑል ቅሩብ መግቢ

нарезак

እስቃጥላ

конзерве

ኣሞ

средство за прање

ምቁር መግቢ

слаткиши

ዘቤታውያን ኣቕሑ

артикли за домаћинство

ናውቲ መጸረዪ

средства за чишћење

ሸቃጣይ

продавачица

ካሳ

благајна

ተሓዝ ገንዘብ

благајник

ዝርዝር ምግዛእ

листа за куповину

ክፉት ሰዓታት

време рада

ማሕፉዳ

новчаник

ክረዲት ካርድ

кредитна картица

ሳንጣ

торба

ፌስታል

пластична кеса

ማይ

вода

ጁማቁ

сок

ጸባ

млеко

ኮላ

кола

ነቢት

вино

ቢራ

пиво

ኣልኮል

алкохол

ካካው

какао

ሻሂ

чај

ቡን

кава

ኤስፕረሶ

еспресо

ካፑቺኖ

капућино

ባናና

банана

ቱፋሕ

jaбука

ኣራንቺ

наранџа

ብርጭቆ

лубеница

ለሚን

лимун

ካሮት

шаргарепа

ጸዕዳ ሽጉርቲ

бели лук

ባምቡስ

бамбус

ሽጉርቲ

лук

ቅንጥሻ

гљива

ፉል

орашасти плодови

ፓስታ

резанци

ስፓጌቲ

шпагете

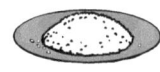

ሩዝ

рижа

ሰላጣ

салата

ቅልዋ ድንሽ

помфрит

ቅሉው ድንሽ

печени крумпир

ፒትሳ

пица

ሃምቡርገር

хамбургер

ሳኒኖ

сендвич

ቢስተክ

шницла

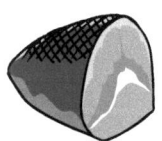

ሰለፍ ሓሰማ

шунка

ሳላሚ

салама

ግዕዝም

кобасица

ደርሆ

кокош

ቀለወ

печење

ዓሳ

риба

ገፅት
....
зобене пахуљице

ሙስሊ
....
мусли

ኮርንፍለይክስ
....
кукурузне пахуљице

ሓርጭ
....
брашно

ክሮሶን
....
кроасан

ባኒ
....
пециво

ባኒ
....
хлеб

ቶስት
....
тоаст

ብሽኮቲ
....
кекси

ጠስሚ
....
маслац

ርጎኦ
....
свежи сир

ፓስተ
....
колач

እንቋቑሖ
....
jaje

ቅሉው እንቋቑሖ
....
jaje на око

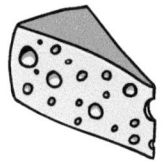

ፋርማጆ
....
сир

አይስ ክሬም
....
сладолед

ሽኮር
....
шећер

መዓር
....
мед

ጃም
....
мармелада

ኑጋት-ክሬም
....
нугат крема

ኩሪ
....
кари

сеоско газдинство

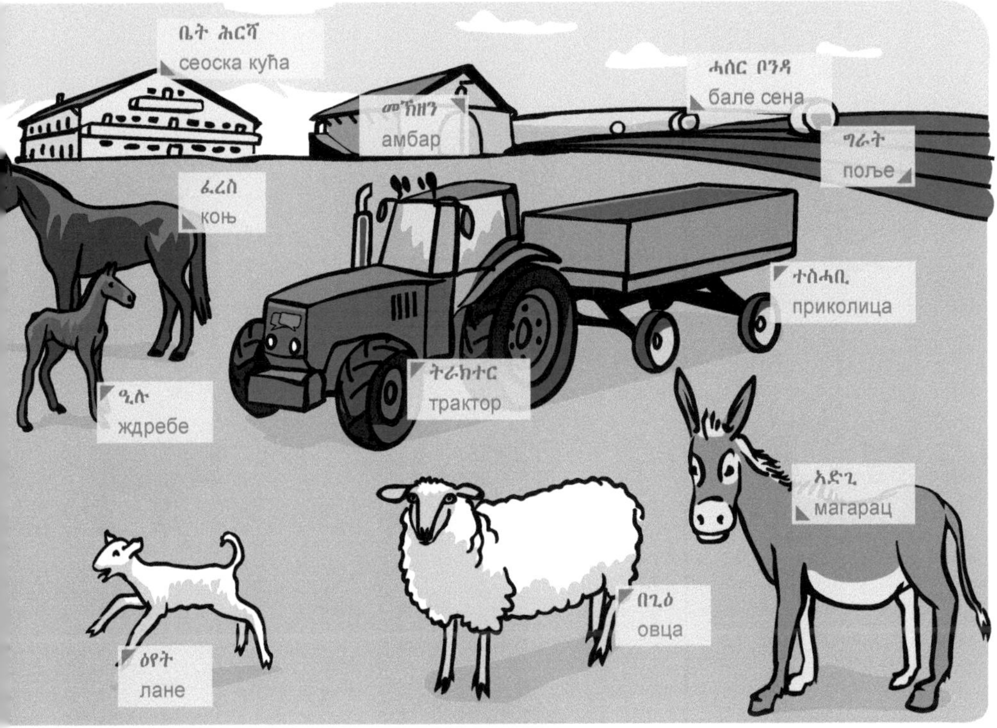
ቤት ሕርሻ
сеоска кућа
ሓሰር ቦንዳ
бале сена
መኽዘን
амбар
ግራት
поље
ፈረስ
коњ
ተስሓቢ
приколица
ትራክተር
трактор
ዒሉ
ждребе
ኣድጊ
магарац
በጊዕ
овца
ዕየት
лане

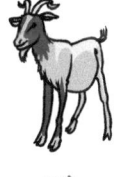

ጤል
коза

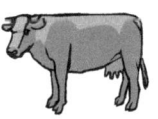

ብዕራይ
крава

ምራኽ
теле

ሓሰማ
свиња

ውላድ ሓሰማ
прасе

ኣርሓ
бик

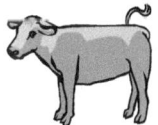

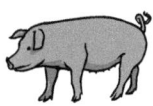

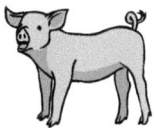

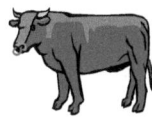

ዓሳ
гуска

ማይ ደርሆ
патка

ጫቑሊት
пилићи

ደርሆ
кокош

ኣርሓ ደርሆ
петао

ኣንጨዋ ዓባይ
пацов

ድሙ
мачка

ኣንጨዋ
миш

ብዕራይ
вол

ከልቢ
пас

ኣጉዶ ከልቢ
кућица за пса

ቱቦ ጆርዲን
вртно црево

መዝሬፊ ማይ
канта за поливање

ዓቢ ማዕጺድ
коса

ማሕረሻ
плуг

ማዕጺድ

срп

ጯኵር

мотика

መስአ

виљушка за ђубриво

ፋስ

секира

ዓረብያ ኢድ

тачке

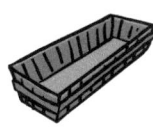

ጋብላ

корито

ብርጭቆ ጸባ

посуда за млеко

ክሻ

врећа

ሓጹር

ограда

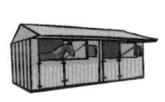

መንሰስ

штала

ፗጠልያ ገዛ

стакленик

ባይታ

земља

ዘርኢ

семе

ድኵዒ

ђубриво

ዘጣምር ቀውዓይ

комбајн

ቤት ሕርሻ - сеоско газдинство

ቀውዐ

жети

ጻማ

жетва

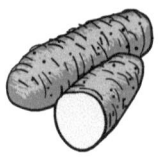

ድንሽ ያም

jамс зачин

ስርናይ

пшеница

ሶያ

coja

ድንሽ

крумпир

ዕፉን

кукуруз

ራፕስ

уљана репица

ገረብ ፍረታት

воћка

ማኒኦክ

гомољ маниоке

እኽል

житарице

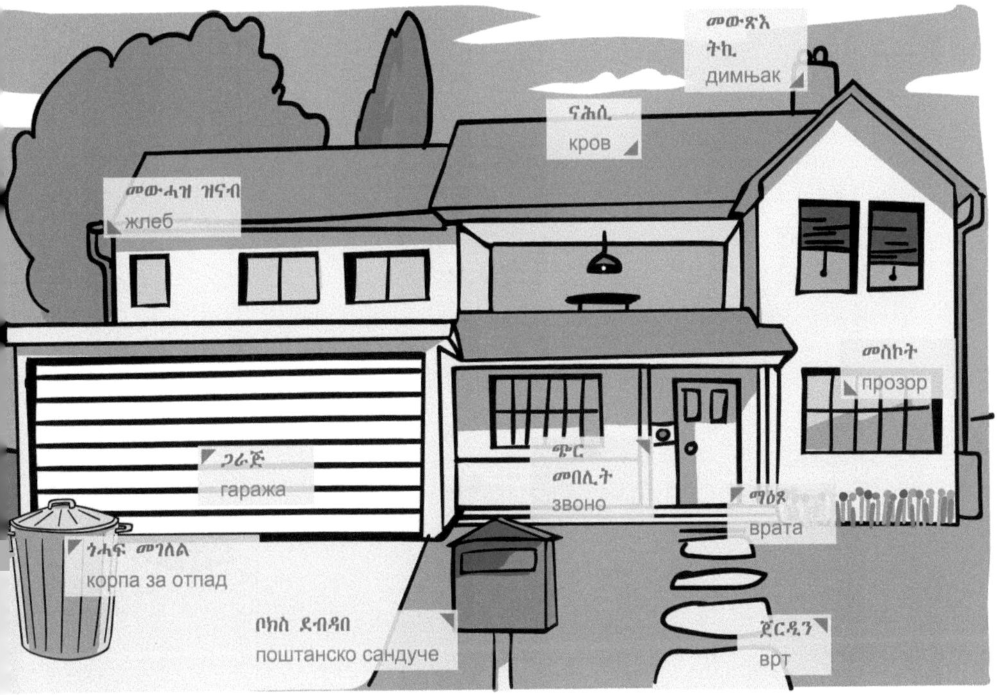

መውጽእ ትኪ
димњак

ናሕሲ
кров

መውሓዝ ዝናብ
жлеб

መስኮት
прозор

ጋራጅ
гаража

ጥር መበሊት
звоно

ማዕጾ
врата

ጎሓፍ መገለል
корпа за отпад

ቦክስ ደብዳቤ
поштанско сандуче

ጀርዲን
врт

ክፍሊ ምችማጥ

дневна соба

ክፍሊ ባንዮ

купаоница

ክሽን

кухиња

ክፍሊ መደቀሲ

спаваћа соба

ክፍሊ ቆልዑ

дечија соба

መመገቢ ክፍሊ

трпезарија

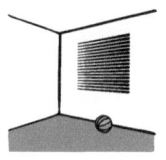

ባይታ

под

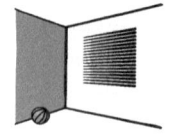

መንደቅ

зид

ከበርታ

строп

ካንቲና

подрум

ሳውና

сауна

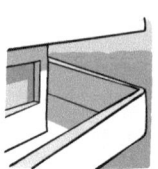

ባልኮን

балкон

ዛላ

тераса

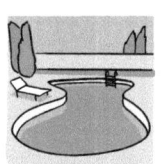

መሕምበሲ

базен

መቑረጺ ሳዕሪ

косилица за траву

አንሶላ ዓራት

постељина за кревет

ከበርታ ዓራት

дека за кревет

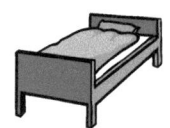

ዓራት

кревет

መኾስተር

метла

መግለል

канта

መወልዒት

прекидач

ወረቐት መንደቕ
тапета

ስእሊ.
слика

ላምፓ
светиљка

ከብሒ.
регал

ከብሒ.
ормар

መውጽኢ. ትኪ አብ ገዛ
камин

ተለቪዥን
телевизија

ዕንባባ
цвет

መተርኣስ
jастук

ባዕ
ваза

ሳሎን
кауч

ሪሞት
даљински управљач

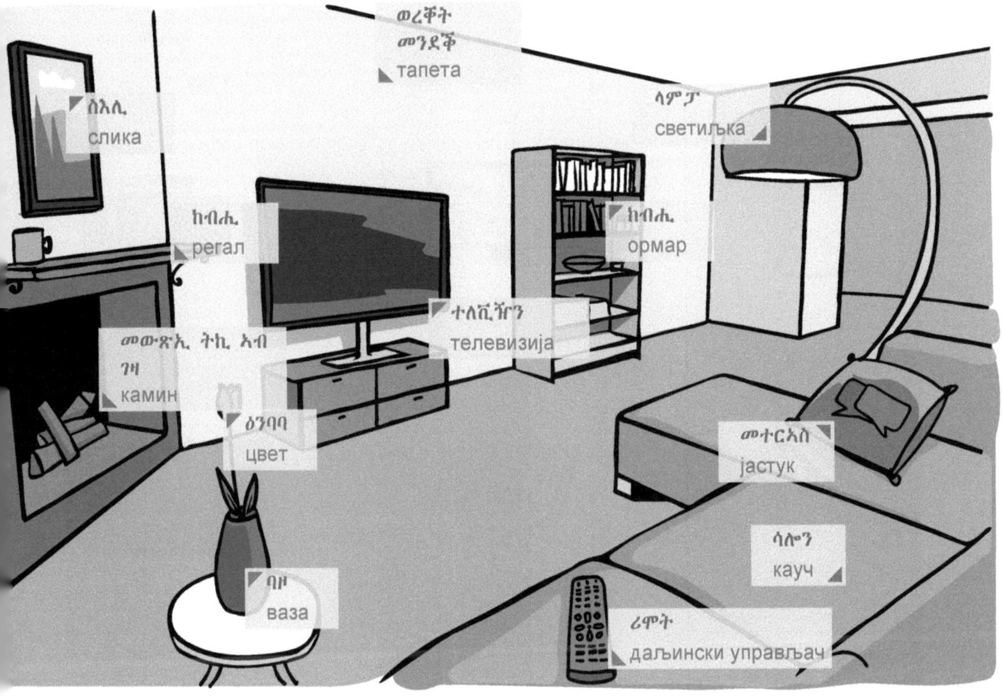

መንጸፍ

тепих

መጋረጃ

завеса

ጣውላ

сто

መንበር

столица

ሰላል ዝብል መንበር

столица за њихање

መንበር ምቹእ

фотеља

መጽሓፍ

књига

ከቦርታ

дека

ስልማት

декорација

እንጨይቲ ሓዊ

дрво за огрев

ፊልም

филм

ስተሪዮ

хи-фи уређај

መፍትሕ

кључ

ጋዜጣ

новине

ቐብኣ

слика на платну

ፖስተር

постер

ረድዮ

радио

ጥራዝ

блок за писање

መልጎሲ ደሮና

усисивач

በለስ

кактус

ሽምዓ

свећа

ክሽነ

кухиња

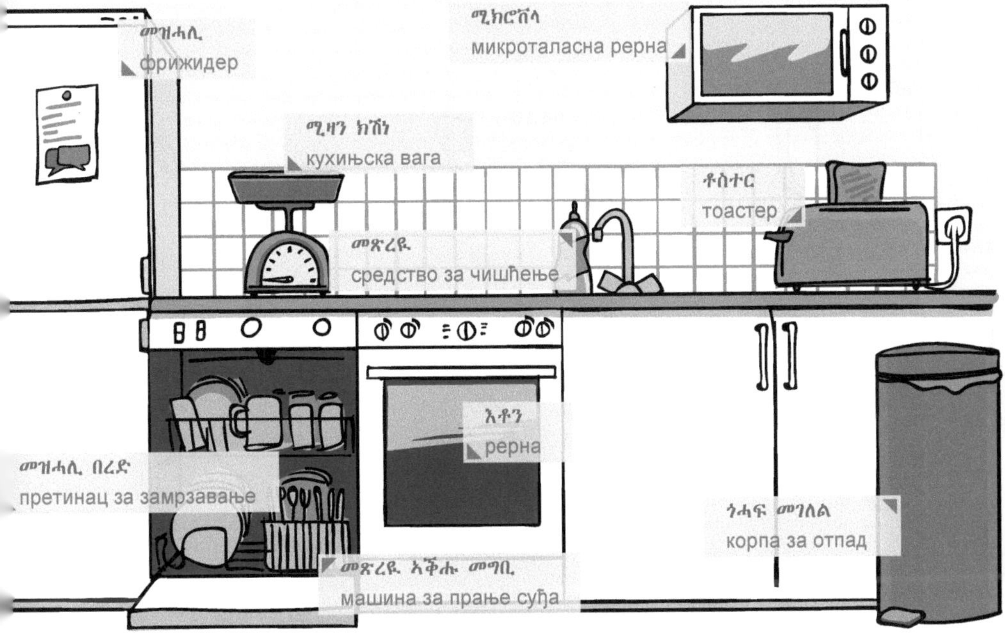

መዝሓሊ
фрижидер
ሚክሮቨላ
микроталасна рерна
ሚዛን ክሽነ
кухињска вага
ቶስተር
тоастер
መጽረዪ
средство за чишћење
እቶን
рерна
መዝሓሊ በረድ
претинац за замрзавање
ጎሓፍ መገለል
корпа за отпад
መጽረዪ ኣቕሑ መግቢ
машина за прање суђа

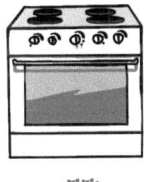

መኽሸኒ

шпорет

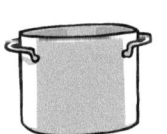

ድስቲ

лонац

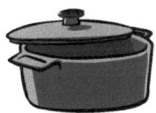

ድስቲ ሓጺን

гвоздени лонац

ዎክ/ካዳይ

вок / кадаи

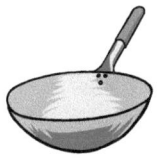

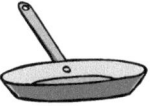

ባደላ

тава

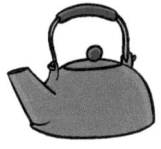

መውዓዪ ማይ

кувало за воду

መፍልሒ.

кувало на пару

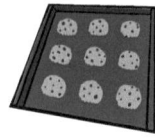

ጎንቴራ ምስንካት

лим за печење

ኣቑሑ መግቢ

посуђе

ብርጭቖ

чаша

ጭላሎ

посуда

ማንካቺና

штапићи за јело

ማንካ መረቕ

кутлача

መገልበጢ ባደላ

лопатица

መኽስተር ውርጪ.

пењача

መንፊት መግቢ

сито за кување

መንፊት

сито

መፋሕፍሒ.

рибеж

ሞርታር

мужар

ባርቢክዩ

роштиљ

ስፍራ ሓዊ

огњиште

እንጨይቲ ምምታር
....
даска

እንጨይቲ ኮረር
....
оклагија

መኽፈት ቡሽ
....
вадичеп

ታኒካ
....
конзерва

መኽፈቲ ታኒካ
....
отварач конзерви

ጨርቂ ድስቲ
....
крпа за лонац

ቡቃባ
....
судопер

አስባስላ
....
четка

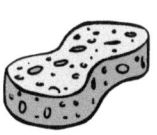

ሰፍነግ
....
сунђер

ሓዋሲ አደባላቒ
....
миксер

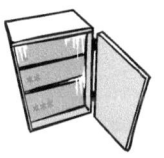

መዝሓሊ በረድ
....
замрзивач

ጥርሙዝ ማማይ
....
флашица за бебе

ቡምባ ማይ
....
славина за воду

ክፍሊ ባንዮ

купаоница

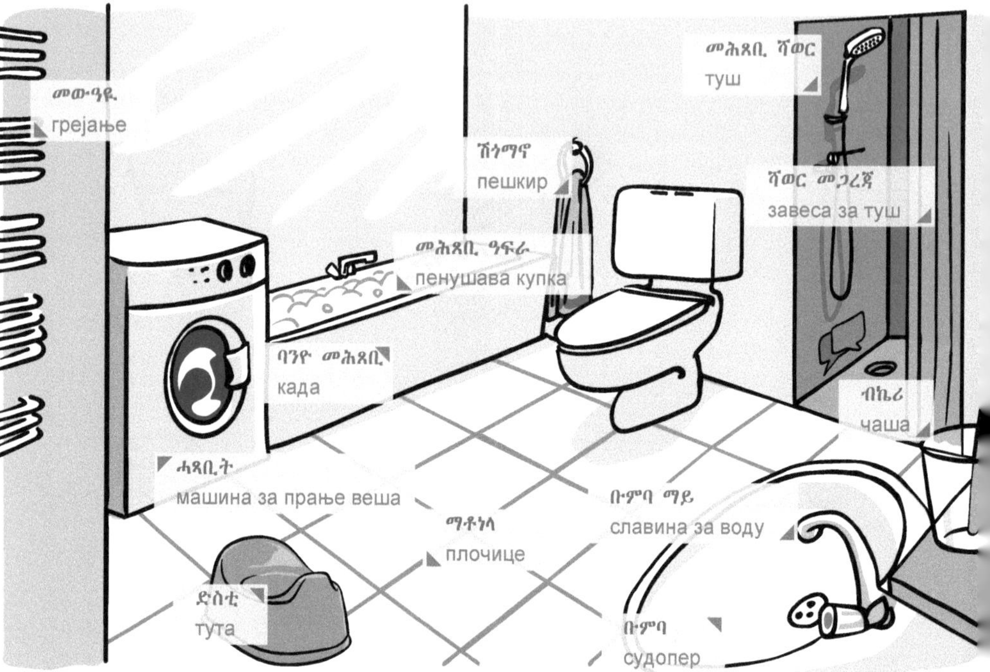

መውዓዪ
грејање
መሕጸቢ ሻወር
туш
ሽጎማኖ
пешкир
ሻወር መጋረጃ
завеса за туш
መሕጸቢ ዓፍራ
пенушава купка
ባንዮ መሕጸቢ
када
ብኬሪ
чаша
ሓጻቢት
машина за прање веша
ቡምባ ማይ
славина за воду
ማቶኔላ
плочице
ድስቲ
тута
ቡምባ
судопер

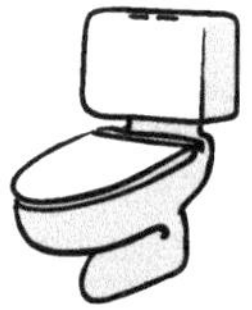

ሽቓቕ
....
тоалет

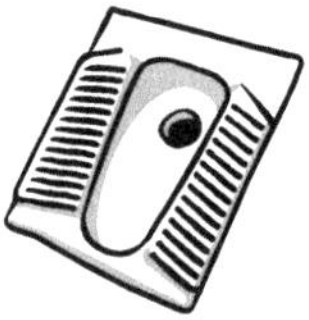

ሽቓቕ ኮፍ
....
чучавац

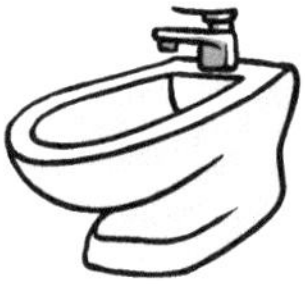

በዱ
....
бидет

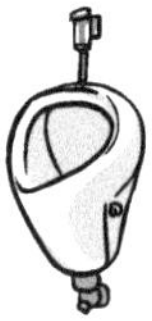

ሽቃቕ ተባዕታይ
....
писоар

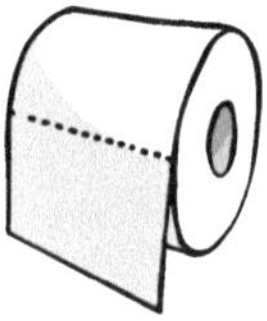

ወረቐት ሽቓቕ
....
тоалетни папир

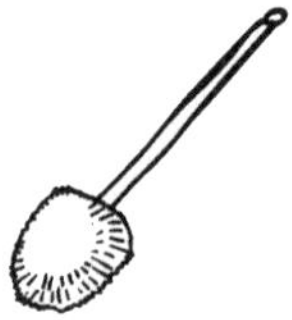

ኣስባስላ ሽቓቕ
....
четка за тоалет

አስባስላ ስኒ

четкица за зубе

ክሬማ ስኒ

паста за зубе

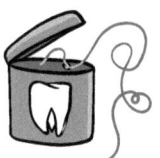

ሃሪ ስኒ

конац за зубе

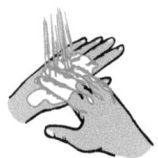

ሓጸበ

прати

ዱሽ ኢድ

туш ручица

ዱሽ

туш за прање интимних делова

ብርጭቆ ምሕጸብ

лавор

አስባስላ ሕቆ

четка за прање леђа

ሳምና

сапун

ሻወር ጀል

гел за туширање

ሻምፑ

шампон

ጨርቂ መሕጸቢ

крпа за прање

መውሓዚ

одвод

ክሬማ

крема

ደዮ ጨና

дезодоранс

መስትያት

огледало

ናይ ኢድ መስትያት

козметичко огледало

መላጸ

бријач

ዓፍራ ምልጸይ

пена за бријање

ጨና ድሕሪ ምልጸይ

лосион за после бријања

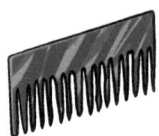

መመሸጥ

чешаљ

አስባስላ

четка

መንቆዪ ጸግሪ

фен за косу

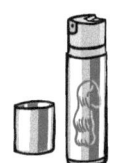

ስፕረይ ጸግሪ

спреј за косу

መመላኽዒ

шминка

ብርዒ ቀለም ከንፈር

руж за усне

አዝማልቶ

лак за нокте

ጸምሪ ጡጥ

вата

መስደዲ ጽፍሪ

маказе за нокте

ጨና

парфем

ሳንጣ መሕጸቢ
....
козметичка торбица

ድኳ
....
столица

ሚዛን
....
вага

ክዳን መሕጸቢ
....
огртач

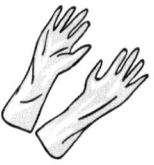

ጓንቲ መጽረዪ
....
рукавице за чишћење

ታምፓን
....
тампон

ጨርቂ ሰበይቲ
....
уложак

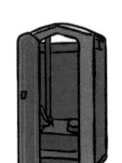

ሽቓቕ ከሚስትሪ
....
хемијски тоалет

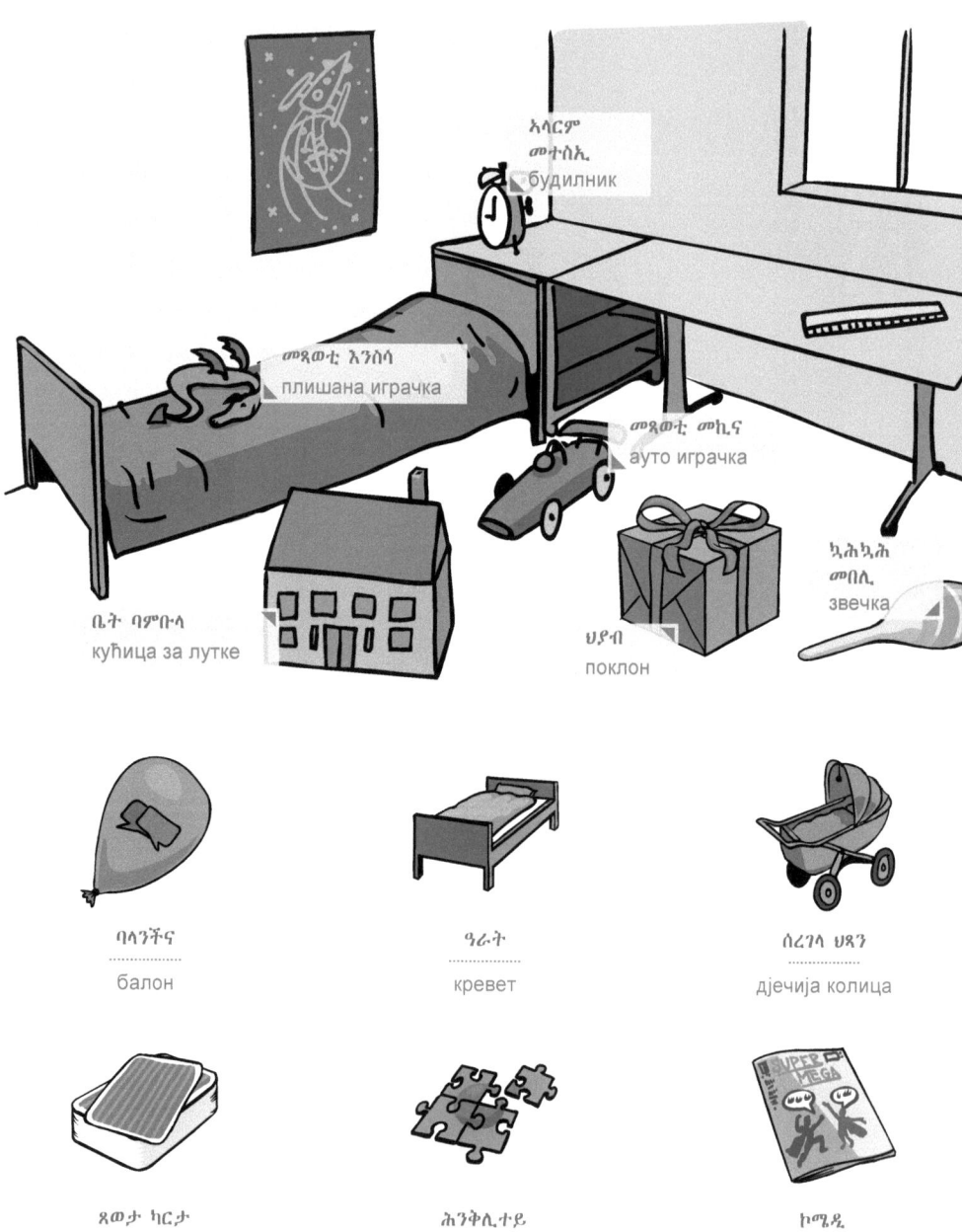

አላርም መተስኢ
будилник

መጻወቲ እንስሳ
плишана играчка

መጻወቲ መኪና
ауто играчка

ቤት ባምቡላ
кућица за лутке

ህያብ
поклон

ኢሕኢሕ መበሊ
звечка

ባላንችና
балон

ዓራት
кревет

ሰረገላ ህጻን
дјечија колица

ጸወታ ካርታ
игра са картама

ሕንቅሊተይ
слагалица

ኮሜዲ
стрип

እምነታት መጻወቲ ለጎ
....
лего коцкице

መጻወቲ እምነታት
....
коцкице за слагање

በግል አክቸን
....
акциони јунак

ክዳን ማማይ
....
бенкица за бебе

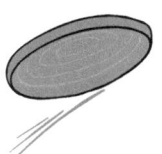

ፍሪስቢ
....
фризби

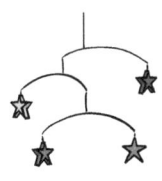

ሞባይል ማማይ
....
висеће играчке

ጻወታ ሰሌዳ
....
друштвене игре

ኩቦ
....
коцка

ሞደል ባቡር ምድሪ
....
минијатурна жељезница

ዓባስ
....
дуда

ፓርቲ
....
забава

መጽሓፍ ስእሊ
....
сликовница

ኩዕሶ
....
лопта

ባምቡላ
....
лутка

ተጻወተ
....
играти

መጻወቲ ሓጻ
пешчаник

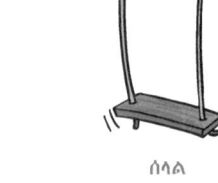

ሰላል
љуљачка

መጻወቲታት
играчка

ኮንሶል ቪድዮ
конзола за игре

መጻወቲ ሰለስተ መንኮርኮር
трицикл

ተዲ
теди

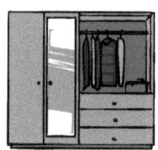

ከብሒ ክዳን
ормар

ካልስታት
кратке чарапе

ነዊሕ ካልስታት
чарапе

ስረ ካልሲ
хулахопке

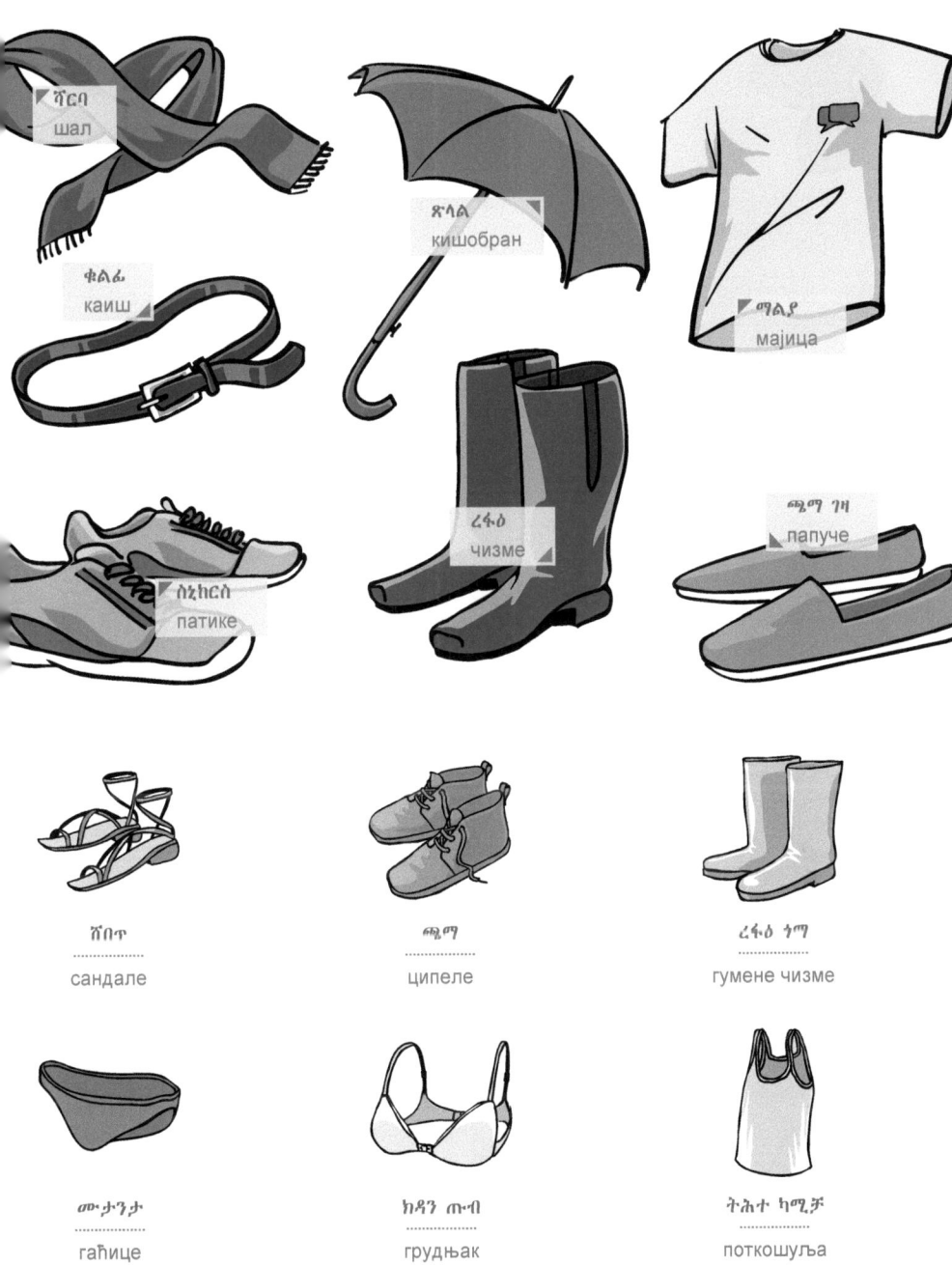

ሻርበ
шал

ጽላል
кишобран

ቁልፊ
каиш

ማልያ
мајица

ረፋስ
чизме

ሼፕ ገዛ
папуче

ስኒከርስ
патике

ሸበጥ
....
сандале

ጫማ
....
ципеле

ረፋስ ነማ
....
гумене чизме

ሙታንታ
....
гаћице

ክዳን ጡብ
....
грудњак

ትሕተ ካሚቻ
....
поткошуља

ክዳን - одећа   45

ቦዲ

боди

ስራ

панталоне

ጂንስ

фармерке

ቀምሽ

сукња

ካምቻ

блуза

ካሚቻ

кошуља

ጉልፎ

џемпер

ጎልፎ

џемпер с капуљачом

ጃኬት

сако

ጃከት

јакна

ጁባ

мантил

ክዳን ዝናብ

кабаница

ኮስቱም

костим

ቀምሽ

хаљина

ቀምሽ መርዓ

венчаница

ልብሲ

одело

ካሚቻ ለይቲ

спаваћица

ክዳን ለይቲ

пиџама

ሳሪ

сари

መሃረብ ርእሲ

марама за главу

ቁርባን

турбан

ቡርካ

бурка

ካፍታን

кафтан

አባያ

абаја

ክዳን መሕምበሲ

купаћи костим

ስረ መሕምበሲ

купаће гаћице

ሓጺር ስረ

кратке панталоне

ክዳን ታዕሊም

одећа за тренинг

በጃ ክዳን

кецеља

ጓንቲ

рукавице

መልጎም
дугме

መነጽር
наочаре

በንናጀር
наруквица

ማዕተብ
огрлица

ቀለበት
прстен

ኩትሻ
наушница

ቆብዕ
капа

መንበሪ ጁባ
вешалица

ባርኔጣ
шешир

ካራሻት
кравата

ሻርኔጣ
патент затварач

ሀልመት
кацига

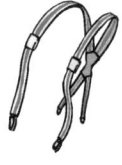

መድልደል ስረ
нараменице

ድቢዛ ቤትትምህርቲ
школска униформа

ድቢዛ
униформа

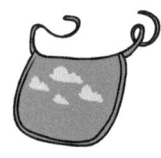

ሰደርያ ቆልዓ

подбрадак

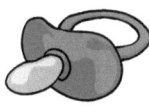

ዓባስ

дуда

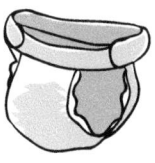

ጨርቂ ማማይ

пелена

ቤት ጽሕፈት

канцеларија

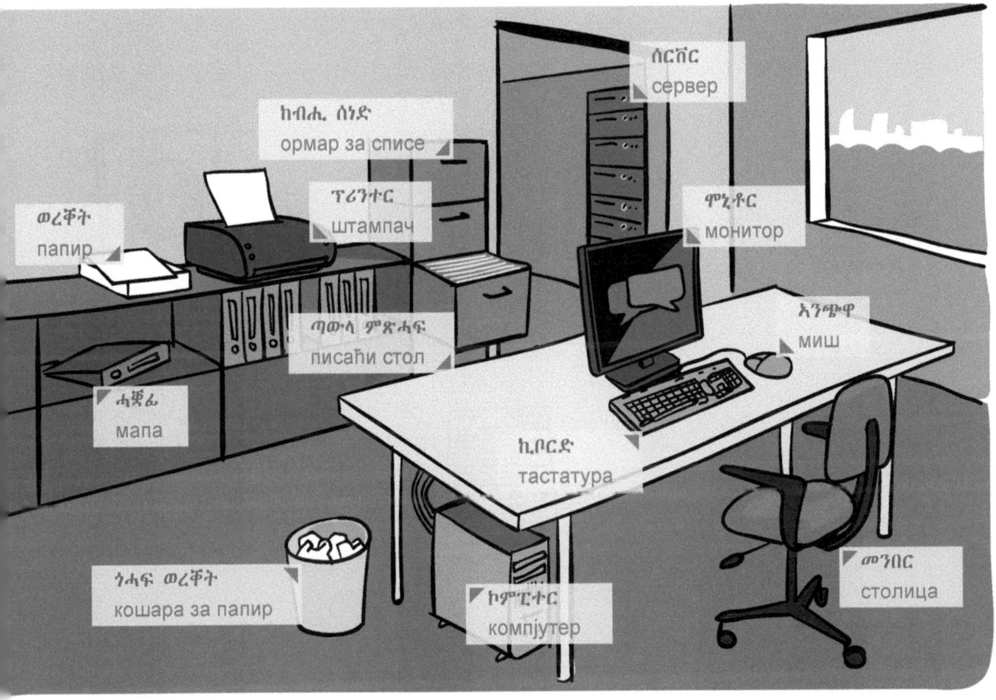

ሰርቨር
сервер
ክብሒ ሰነድ
ормар за списе
ፕሪንተር
штампач
ወረቐት
папир
ሞኒቶር
монитор
ኣንጭዋ
миш
ጣውላ ምጽሓፍ
писаћи сто
ሓቛፊ
мапа
ኪቦርድ
тастатура
ጎሓፍ ወረቐት
кошара за папир
ኮምፒተር
компјутер
መንበር
столица

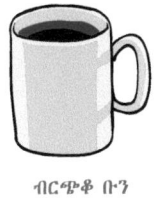

ብርጭቆ ቡን

шалица за каву

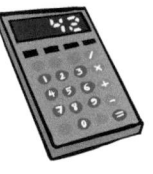

ካልኩለተር

калкулатор

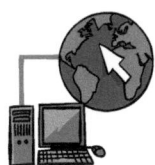

ኢንተርነት

интернет

ላፕቶፕ

лаптоп

ደብዳበ

писмо

መልእኽቲ

порука

ሞባይል

мобилни телефон

ነትወርክ/መርበብ

мрежа

መቕድሒ ፎቶኮፒ

уређај за копирање

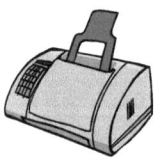

ሶፍትዌር

софтвер

ተለፎን

телефон

ሶከት ኢረንቲ

утичница

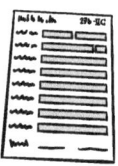

ፋክስ

факс

ፎርም

формулар

ሰነድ

документ

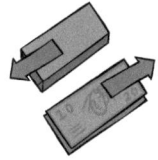

ገዛእ
....
куповати

ከፈለ
....
платити

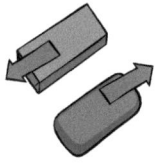

ንግዲ
....
трговати

ገንዘብ
....
новац

ዶላር
....
долар

አይሮ
....
евро

የን
....
јен

ሩብл
....
рубља

ስዊዝ ፍራንክን
....
швајцарски франак

ረንሚንቢ የዋን
....
ренминдби јуан

ሩፕየ
....
рупија

መውጽኢ ማሽን ገንዘብ
....
аутомат за новац

በታ ቅየር ገንዘብ

мењачница

ወርቂ

злато

ብሩር

сребро

ዘይቲ

нафта

ሓይሊ

енергија

ዋጋ

цена

ውዕል

уговор

ቀረጽ

порез

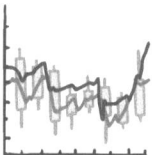

እኩብ ጥሪ-ነገራት

деонице

ስርሓ

радити

ሰራሕተኛ

службеник

አስራሒ

послодавац

ትካል

фабрика

ዱኳን

продавница

занимања

በዓል ፖሊስ
полицајац

መጠፊኢ ሓዊ
ватрогасац

መራሒ ነፋሪት
пилот

ከሽኒ
кувар

ሓኪም
лекар

ሰራሕተኛ ጀርዲን
вртлар

ጸራቢ ዕንጸይቲ
столар

ሰፋይት
кројачица

ፈራዳይ
судија

ቀማሚ
хемичар

ተዋሳኢ
глумац

መራሒ አዉቶቡስ

возач аутобуса

አዉቲስታ ታክሲ

возач таксија

ገፋፊ ዓሳ

рибар

ጸራጊት

чистачица

ሃናጺ ናሕሲ

кровопокривач

አሰላፊ

конобар

ሃዳናይ

ловац

ሰአላይ

сликар

እንዳ ሕብስቲ

пекар

ኤለትሪከኛ

електричар

ሃናጺ አባይቲ

грађевински радник

ሃንዳሲ

инжењер

ሰራሕተኛ እንዳ ስጋ

месар

ድራብሊኮ

лимар

አማላላሲ ፖስጣ

поштар

ወተሃደር

војник

መሃንድስ

архитекта

ተሓዝ ገንዘብ

благајник

ሰራሕተኛ ዕምባባ

цвећар

ቀም ቃሚይ

фризер

ፈተሪኖ

кондуктер

መካኒክ

механичар

መራሒ መርከብ

капетан

ሓኪም ስኒ

зубар

ተመራማሪ

научник

ራቢ

раби

ኢማም

имам

ፈላሲ

монах

ቀሺ

свештеник

ናውቲ

алати

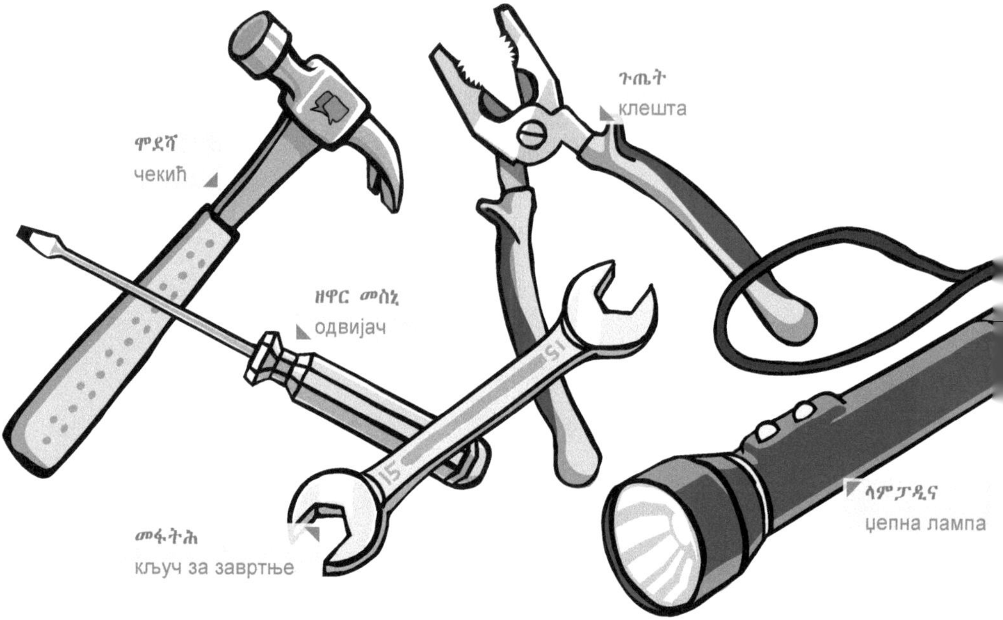

ሞደሻ
чекић
ጉጤት
клешта
ዘዋር መስኒ
одвијач
ላምፓዲና
џепна лампа
መፋትሕ
кључ за завртње

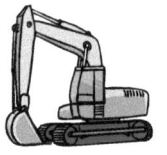

ፈሓሪ

багер

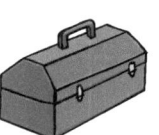

ናውቲ ቦክስ

кутија за алат

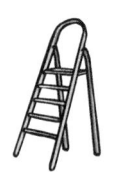

መደያይቦ

мердевине

መጋዝ

пила

መስማር

ексер

ኰዓቲ

бушилица

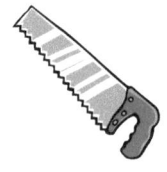

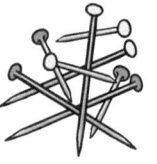

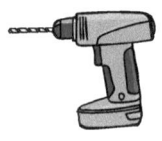

ምዕራይ

поправити

ባደላ

лопата

አይ!

до ђавола!

መትሓዚ ዶሮና

лопатица

ድስቲ ቀለም

лонац за боју

ካቻቢተ

завртањи

መሳርሒ ሙዚቃ

музички инструмент

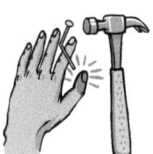

ከበሮታት
бубњеви

እስፒከር
звучник

ጊታር
гитара

ረጉድ ዓባይ
ጊታር
контрабас

ትሮምፐት
труба

ፒያኖ
....
клавир

ቫዮሊን
....
виолина

ባስ ጊታር
....
бас

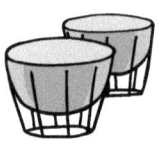

ቲምኒ
....
тимпани

ከበሮ
....
удараљке за бубњеве

ኦርጋን
....
типке клавира

ሳክሶፎን
....
саксофон

ሻምብቆ
....
флаута

ሚክሮፎን
....
микрофон

መእተዊ / ▶улаз

ነብር / тигар

ጎብያ / кавез

አድጊ በረኻ / зебра

መግቢ እንስሳ / храна за животиње

ፓንዳ / панда

እንስሳታት

животиње

ሓርማዝ

слон

ካንጋሩ

кенгур

ሓሪኽ

носорог

ጉሪላ

горила

ድቢ

медвед

ገመል

камила

ሰጎን

нoj

አንበሳ

лав

ህበይ

мајмун

ፍላሚንጎ

фламинго

ሕንጻይ

папагај

ድቢ በረድ

поларни медвед

ፐንጉን

пингвин

ከልቢ ዓሳ

ајкула

ጣውስ

паун

ተመን

змија

ሓርገጽ

крокодил

ሓላዊ ቤት ገርድሽ

чувар у зоолошком врту

ዓሳ ዚምገብ እንሳ ባሕሪ

туљан

ጃጓር

jагуар

ሓጺር ፈረስ
....
пони

ነብሪ
....
леопард

ጉማሬ
....
нилски коњ

ጂራፍ
....
жирафа

ሊላ
....
орао

መፍለስ
....
дивља свиња

ዓሳ
....
риба

ጎብየ
....
корњача

ዋልሩስ
....
морж

ወኻርያ
....
лисица

ሰስሓ
....
газела

ናይ ኣሜሪካ ኩዕሶ እግሪ
амерички ногомет

ምዝዋር ብሽግለታ
бициклизам

ተኒስ
тенис

ባስከትባል
кошарка

ምሕምባስ
пливање

ቦክሲንግ
бокс

ሆኪ በረድ
хокеј на леду

ኩዕሶ እግሪ
фудбал

ባድሚንቶን
бадминтон

እስፖርታዊ ንጥፈታት
атлетика

ኩዕሶ ኢድ
рукомет

ስኪ
скијање

ፖሎ
поло

ሰሓቐ
smejati se

ነጠረ
скочити

ሓቖፈ
загрлити

ከደ
иђи

ደረፈ
певати

ሓለመ
сањати

ጸለየ
молити се

ሰዓመ
пољубити

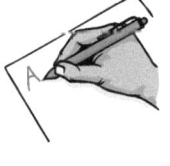

ጸሓፈ
писати

ሰአለ
цртати

አርአየ
показати

ደፍአ
гурати

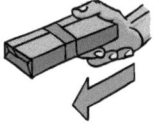

ሃበ
дати

ወሰደ
узети

አለወ

имати

ገበሪ

чинити

ኮነ

бити

ጠጠው በለ

стојати

ጎየየ

трчати

ሰሓበ

повлачити

ሰንደወ

бацити

ወደቐ

падати

ሓሰወ

лежати

ተጸበየ

чекати

ሰከም

носити

ኮፍ በለ

седити

ተኸድነ

облачити

ደቀሰ

спавати

ተስአ

пробудити се

ረኣየ
....
гледати

በኸየ
....
плакати

ብኣጸብሩ ደረዘ
....
миловати

መሸጠ
....
чешљати

ተዛረበ
....
говорити

ተረድአ
....
разумети

ሓተተ
....
питати

ሰምዐ
....
слушати

ሰተየ
....
пити

በልዐ
....
jести

አቐመጠ
....
поспремити

አፍቀረ
....
волети

ከሸነ
....
кухати

ዘወረ
....
возити

ነፈረ
....
летети

ብመርከብ ገየሽ

пловити

ደመረ

рачунати

አንበበ

читати

ተመሃረ

учити

ሰርሐ

радити

መርዓወ

венчати се

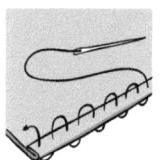

ሰፈየ

шити

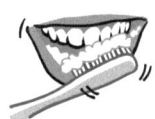

ጽሬት አስናን

прати зубе

ቀተለ

убити

ሽጋራ ተከኸ

пушити

ሰደደ

послати

ዓባየ
бака

አቦሓጎ
деда

አቦ
отац

አደ
мајка

ማማይ
беба

ጓል
кћерка

ወዲ
син

ጋሻ

гост

ሓትኖ

тетка

አኮ

ујак, стриц

ሓው

брат

ሓፍቲ

сестра

ኣካላት

тело

ግንባር
чело
ዓይኒ
око
መንኩብ
раме
ኣጻብዕ
прст
ገጽ
лице
መንከስ
брада
ኢድ
рука
ሽፋን እግሪ
нога
ኣፍ-ልቢ
груди
ምናት
рука

ማማይ

беба

ሰብኣይ

мушкарац

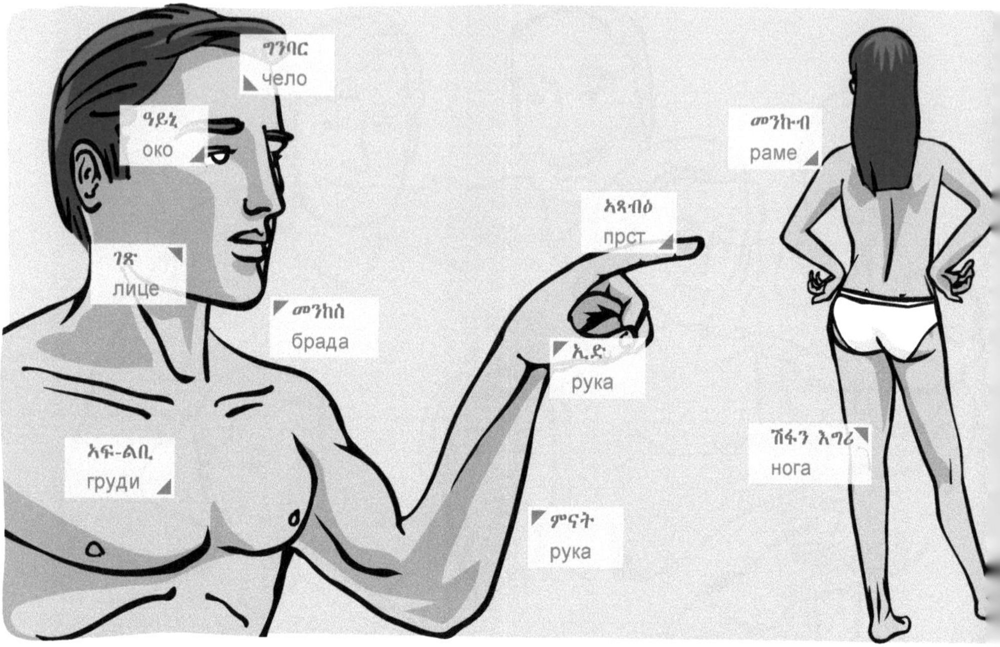

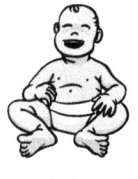

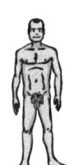

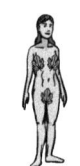

ሰበይቲ

жена

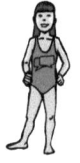

ጓል

девојчица

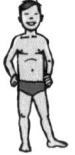

ወዲ

дечак

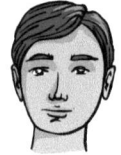

ርእሲ

глава

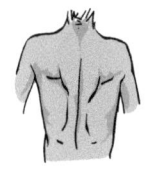

ሕቘ

леђа

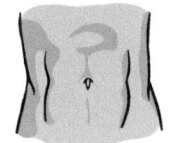

ከስዐ

стомак

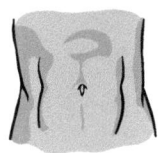

ሕምብርቲ

пупак

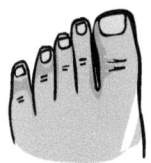

ኣጻብዕ እግሪ

ножни прст

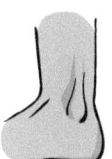

ኩርኹሪ

пета

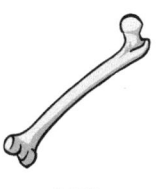

ዓጽሚ

кост

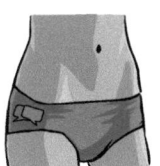

ምሕኩልቲ

кукови

ብርኪ

колено

ፍግፍጎ

лакат

ኣፍንጫ

нос

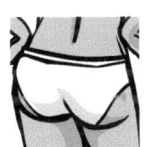

መዓኮር

задњица

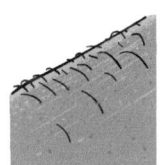

ቆርበት

кожа

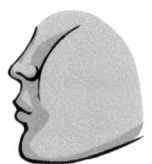

ምዕጉርቲ

образ

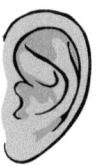

እዝኒ

уво

ከንፈር

усна

አፍ

уста

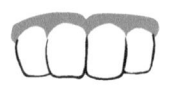

ስኒ

зуб

መልሓስ

језик

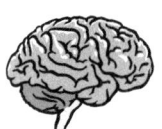

ሓንጎል

мозак

ልቢ

срце

ጭዋዳ

мишић

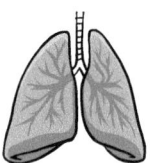

ሳንቡእ

плућа

ጸላም ከብዲ

јетра

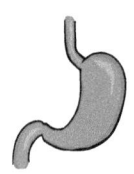

ከብዲ

желудац

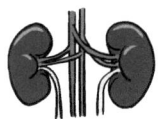

ኮሊት

бубрези

ግብረ ስጋ

полни однос

ኮንዶም

кондом

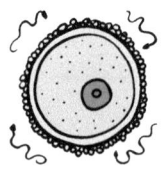

እንቊቊሓ

јајна ћелија

ዘርኢ ተባዕታይ

сперма

ጥንሲ

трудноћа

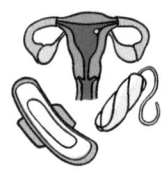

ጽግያት
....
менструација

ርሕሚ
....
вагина

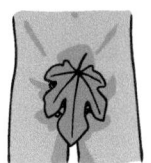

መትሎ
....
пенис

ሽፋሽፍቲ
....
обрва

ጸጉሪ
....
коса

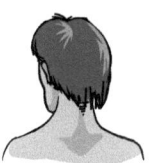

ክሳድ
....
врат

ሆስፒታል

болница

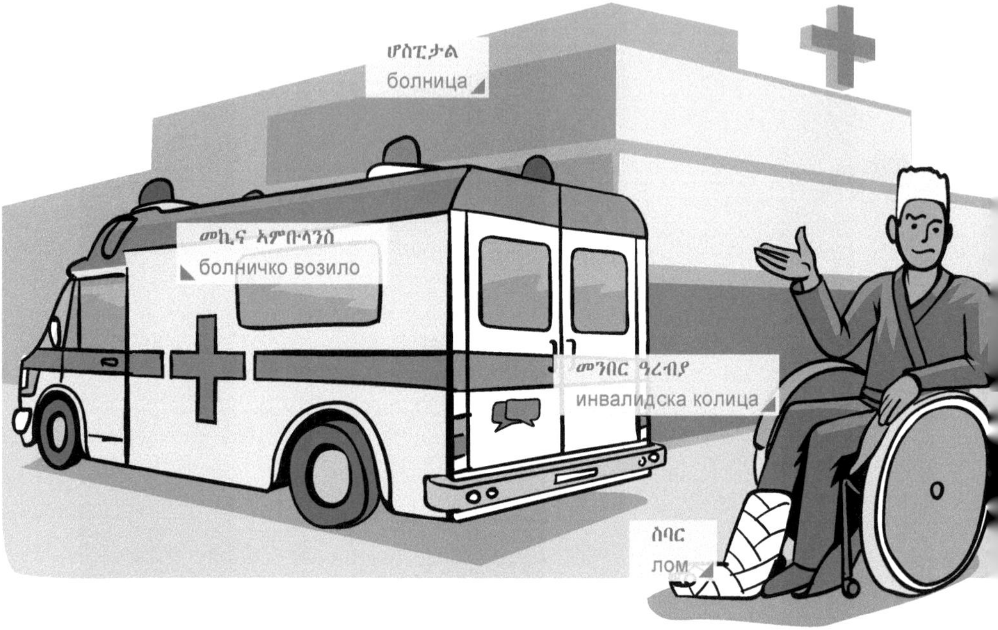

ሆስፒታል
болница
መኪና ኣምቡላንስ
болничко возило
መንበር ዓረብያ
инвалидска колица
ስባር
лом

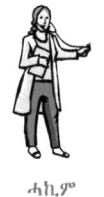

ሓኪም

лекар

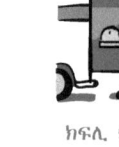

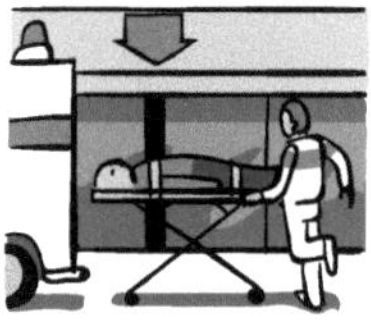

ክፍሊ ህጹጽ ረድኤት

хитна медицинска служба

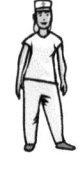

ኣላይት

медицинска сестра

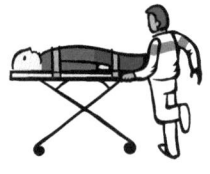

ህጹጽ ኩነት

хитни случај

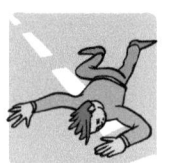

ውነኡ ዘጥፍአ

несвест

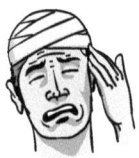

ቃንዛ

бол

ጕድኣት

повреда

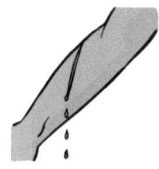

ደም

крварење

ማህረምቲ

срчани удар

ማህረምቲ

удар

ኣለርጂ

алергија

ሰዓል

кашаљ

ረስኒ

грозница

ኡንፍልወንዛ

грипа

ውጽኣት

пролив

ቃንዛ ርእሲ

главобоља

መንሽሮ

рак

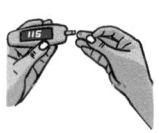

ሹኮርያ

дијабетес

ሓኪም መጥባሕቲ

хирург

መጥብሒ

скалпел

መጥባሕቲ

операција

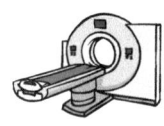

CT

цт

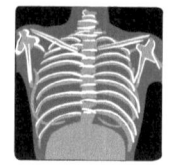

ራዲ

рентген

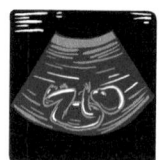

ልዕለ ድምጻዊ

ултразвук

መሸፈኒ ገጽ

маска

ሕማም

болест

ክፍሊ ምጽባይ

чекаона

ምርኩስ

штака

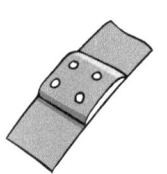

መጅነኒ ቐስሊ

фластер

መጅነኒ

завоj

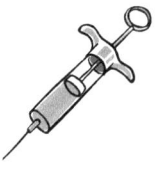

መርፍዕ ምውጋእ

инjекциjа

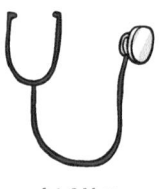

ስተቶስኮፕ

стетоскоп

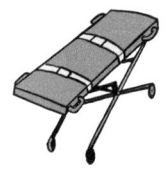

መሰከሚ ሕማም

носила

ቴርሞመተር

термометар

ትውልዲ

рођење

ልዕለ-ሚዛን

прекомерна тежина

ሓገዝ ምስማዕ

слушни апарат

ኣንጸሂ

средство за дезинфекцију

ልበዳ

инфекција

ቫይረስ

вирус

ኤድስ

хив / аидс

ሕክምና

медицина

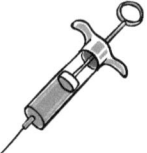

ክታብ

вакцинација

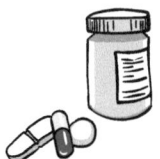

ክኒና

таблете

ክኒና

пилула

ህጹጽ ምድዋል

хитни позив

መዕቀኒ ጸቕጢ ደም

уређај за мерење притиска

ሕሙም / ጥዑይ

болесно / здраво

ሓገዝ

помоћ!

ኣላርም

аларм

ምህጃም

насртај

መጥቃዕቲ

напад

ድንገት

опасност

ህጹጽ መውጽኢ

излаз у случају нужде

ሓዊ!

пожар!

መጥፍኢ ሓዊ

противпожарни апарат

ሓደጋ

незгода

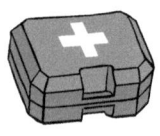

ሳንጣ ቀዳማይ ረድኤት

кутија прве помоћи

SOS

сос

ፖሊስ

полиција

ኤውሮጳ

Европа

ሰሜን አመሪካ

Северна Америка

ደቡብ አመሪካ

Јужна Америка

አፍሪቃ

Африка

ኤስያ

Азија

አውስትራልያ

Аустралија

አትላንቲክ

Атлантик

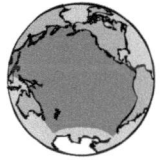

ፓሲፊክ

Пацифик

ህንዳዊ ዉቅያኖስ

Индијски океан

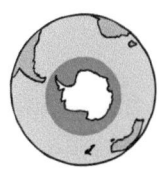

አንታርቲካዊ ዉቅያኖስ

Антарктички океан

አርክቲካዊ ዉቅያኖስ

Арктички океан

ሰሜናዊ ዋልታ

Северни рол

ደቡባዊ ዋልታ
....
Јужни рол

አንታርቲካ
....
Антарктик

ምድሪ
....
земља

መሬት
....
земља

ባሕሪ
....
море

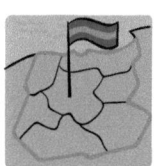

ደሴት
....
оток

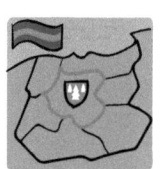

ሃገር
....
нација

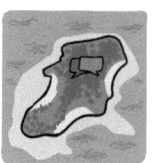

ዓዲ
....
држава

78

ምድሪ - земља

ገጽ ሰዓት

бројчаник сата

አመልካቲ ሰዓታት

сатна казаљка

አመልካቲ ደቓይቕ

минутна казаљка

አመልካቲ ካልኢት

секундна казаљка

ሰዓት ክንደይ አሎ?

Колико је сати?

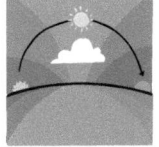

መዓልቲ

дан

ግዜ

време

ሕጂ

сада

ዲጊታል ሰዓት

дигитални сат

ደቒቕ

минута

ሰዓት

час

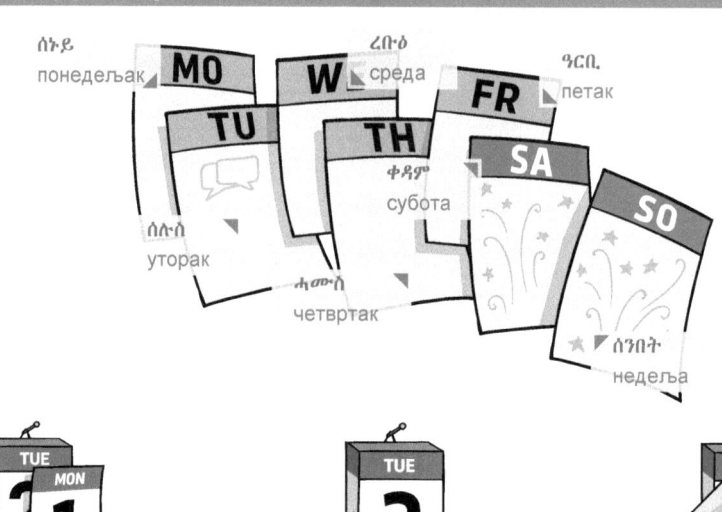

ሰኑይ
понедељак

ረቡዕ
среда

ዓርቢ
петак

ሰሉስ
уторак

ሓሙስ
четвртак

ቀዳም
субота

ሰንበት
недеља

ትማሊ
јуче

ሎሚ
данас

ጽባሕ
сутра

ንጎሆ
јутро

ቀትሪ
подне

ምሸት
вече

መዓልታት ስራሕ
радни дани

መወዳእታ ሰሙን
викенд

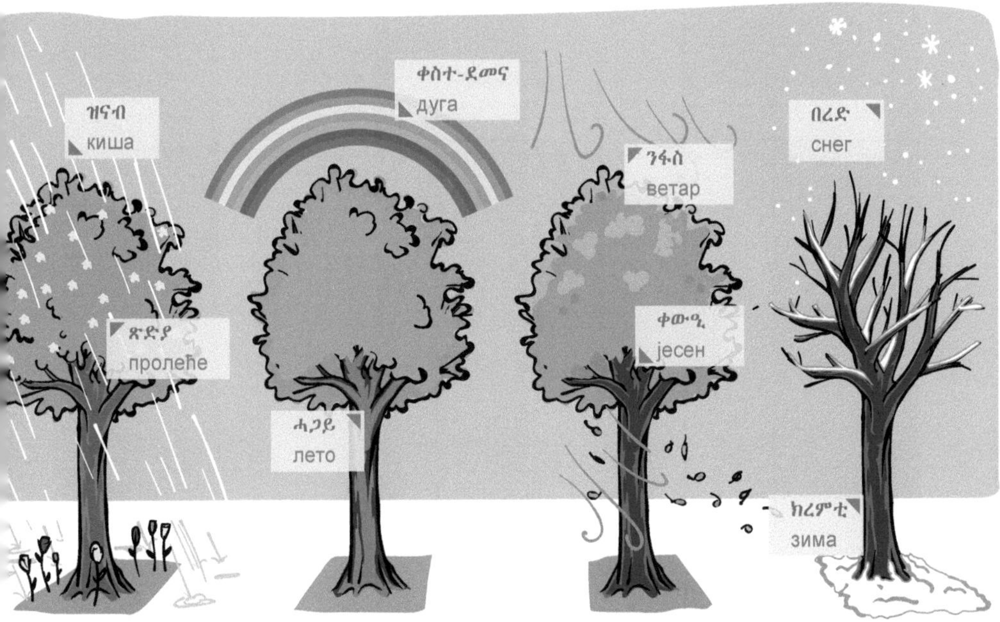

ዝናብ
киша
ቀስተ-ደመና
дуга
በረድ
снег
ንፋስ
ветар
ጽድያ
пролеће
ቀውዒ
јесен
ሓጋይ
лето
ክረምቲ
зима

4.APRIL 11°
5.APRIL 4°
6.APRIL 13°
7.APRIL 8°
8.APRIL 10°

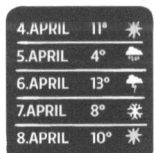

ትንቢት ኩነታት ኣየር

етеоролошка прогноза

F
C
120
90
60
30
0
-30
40
30
20
10
0
-10
-20

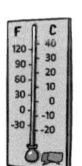

ቴርሞመተር

термометар

ብርሃን ጸሓይ

сунчана светлост

ደበና

облак

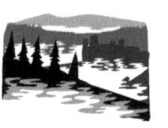

ግመ

магла

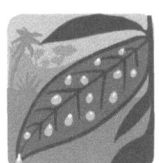

ጠሊ

влажност ваздуха

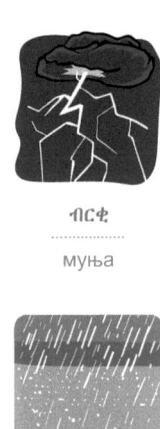

ብርቂ

мужа

ነጒዳ

грмљавина

ህቦብላ

олуја

በረድ

туча

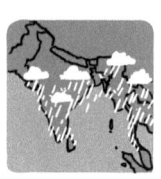

ብርቱዕ ህቦብላ

монсун

ውሕጅ

поплава

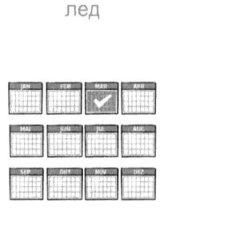

በረድ

лед

ጥሪ

јануар

ለካቲት

фебруар

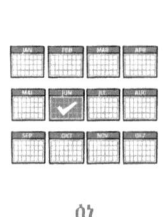

መጋቢት

март

ሚያዝያ

април

ጒንቦት

мај

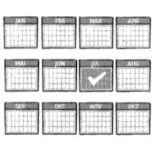

ሰነ

јуни

ሓምለ

јули

ነሓሰ

август

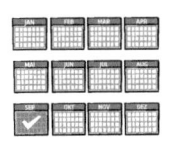

መስከረም

септембар

ጥቅምቲ

октобар

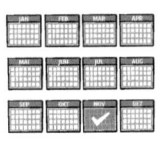

ሕዳር

новембар

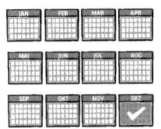

ታሕሳስ

децембар

ዙርያ

круг

ትርብዒት

квадрат

ቅኑዕ ርቡዕ ኮርናዕ

правоугао

ስሉስ ኩርናዕ

троугао

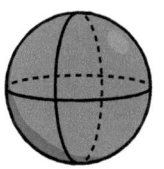

ክቢ

кугла

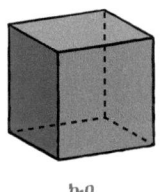

ኩቦ

коцка

ጻዕዳ

бела

ብጫ

жута

ኣራንሺ

наранџаста

ፒንክ

ружичаста

ቀይሕ

црвена

ጆኽ

љубичаста

ሰማያዊ

плава

ቀጠልያ

зелена

ቡናዊ

смеђа

ሓሙኽሽታይ

сива

ጸሊም

црна

ብዙሕ / ውሑድ

много / мало

ሕሩቕ / ሰላማዊ

љутито / мирно

ጽቡቕ / ክፉእ

лепо / ружно

መጀመርያ / መወዳእታ

почетак / крај

ዓቢ / ንእሽቶ

велико / малено

ብሩህ / ጸልማት

светло / тамно

ሓው / ሓፍት

брат / сестра

ጽሩይ / ርሳሕ

чисто / прљаво

ምሉእ / ዘይምሉእ

потпуно / непотпуно

መዓልቲ / ለይቲ

дан / ноћ

ሙዊት / ህልው

мртво / живо

ሰፊሕ / ጸቢብ

широко / уско

ደስ ዘበል / ደስ ዘይብል

jестиво / неjестиво

እኩይ / ህያዋይ

зло / добро

ርቡጽ / ስልኩይ

узбуђено / досадно

ረጊድ / ቀጢን

дебело / мршаво

ቀዳማይ / ናይ መወዳእታ

на почетку / на краjу

ዓርኪ / ጸላኢ

приjатељ / неприjатељ

ምሉእ / ባዶ

пуно / празно

ተሪር / ልስሉስ

тврдо / мекано

ከቢድ / ፈኵስ

тешко / лагано

ጥምየት / ጽምየት

глад / жеђ

ሕሙም / ጥዑይ

болесно / здраво

ዘይሕጋዊ / ሕጋዊ

илегално / легално

መስተውዓሊ / ስዂ

паметно / глупо

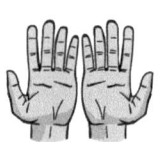

ጸጋም / የማን

лево / десно

ቐረባ / ርሑቕ

близу / далеко

ሓዲሽ / ብሉይ

ново / половно

ዋላ ሓደ / ገለ

ништа / нешто

ዓቢ/ኣረጊት / መንእሰይ

старо / младо

ወልዕ / ኣጥፍእ

вклучено / исклучено

ክፉት / ዕጹው

отворено / затворено

ህዱእ / ዓው

тихо / гласно

ሃብታም / ድኻ

богато / сиромашно

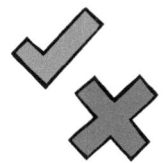

ቅኑዕ / ግጉይ

тачно / погрешно

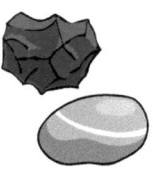

ሓርፋፍ / ልሙጽ

храпаво / глатко

ጉሁይ / ሕጉስ

тужно / сретно

ሓጺር / ነዊሕ

кратко / дуго

ቀስ / ቅልጡፍ

полако / брзо

ጥሉል / ንቑጽ

мокро / сухо

ምዉቕ / ዝሑል

топло / хладно

ውግእ / ሰላም

рат / мир

0	**1**	**2**
ዜሮ	ሓደ	ክልተ
нула	један	два

3	**4**	**5**
ሰለስተ	ኣርባዕተ	ሓሙሽተ
три	четири	пет

6	**7**	**8**
ሽዱሽተ	ሸውዓተ	ሸሞንተ
шест	седам	осам

9	**10**	**11**
ትሽዓተ	ዓሰርተ	ዓሰርተ ሓደ
девет	десет	једанаест

12

ዓሰርተ ክልተ
....
дванаест

13

ዓሰርተ ሰለስተ
....
тринаест

14

ዓሰርተ አርባዕተ
....
четрнаест

15

ዓሰርተ ሓሙሽተ
....
петнаест

16

ዓሰርተ ሽዱሽተ
....
шестнаест

17

ዓሰርተ ሸውዓተ
....
седамнаест

18

ዓሰርተ ሸሞንተ
....
осамнаест

19

ዓሰርተ ትሽዓተ
....
деветнаест

20

ዕስራ
....
двадесет

100

ሚእቲ
....
стотину

1.000

ሽሕ
....
хиљаду

1.000.000

ሚልዮን
....
милион

እንግሊዝኛ

енглески

አሜሪካዊ እንግሊዛዊ

амерички енглески

ቻይናዊ ማንዳሪን

мандарински кинески

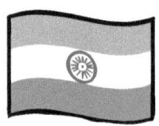

ሂንዳዊ

хиндски

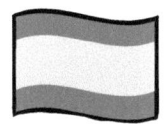

እስጳኛዊ

шпански

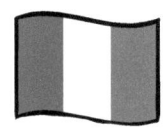

ፈረንሳዊ

француски

ዓረባዊ

арапски

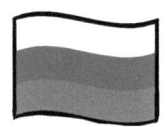

ሩሲያዊ

руски

ፖርቱጋላዊ

португалски

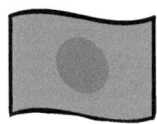

በንጋሊ

бенгалски

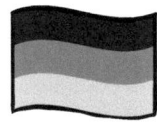

ጀርመናዊ

немачки

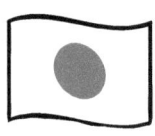

ጃፓናዊ

jапански

አነ

ja

ንስኻ/ኺ.

ти

♂ ♀ ○

ንሱ / ንሳ / ንሱ

он / она / оно

ንሕና

ми

ንስኻ

ви

ንሳቶም

они

መን?

Ко?

እንታይ?

Шта?

ከመይ?

Како?

ኣበይ?

Где?

መዓስ?

Када?

ሽም

име

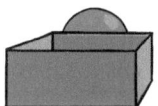

ድሕሪ

иза

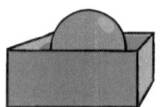

ኣብ

у

ኣብ ቅድሚ

испред

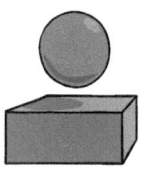

ኣብ ላዕሊ

преко

ኣብ ልዕሊ

на

ትሕቲ ምድሪ

испод

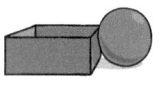

ኣብ ጥቓ

поред

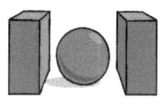

ኣብ መንጎ

измеѓу

በታ

место